MÁQUINAS SIMPLES

# LAS POLEAS SON MÁQUINAS

DOUGLAS BENDER
Traducción de Milly Blanco

Un libro de Las Raíces Plus de Crabtree

CRABTREE
Publishing Company
www.crabtreebooks.com

# Apoyos de la escuela a los hogares para cuidadores y maestros

Este libro ayuda a los niños en su desarrollo al permitirles practicar la lectura. Abajo están algunas preguntas guía para ayudar al lector a fortalecer sus habilidades de comprensión. En rojo hay algunas opciones de respuesta.

## Antes de leer:

- ¿De qué pienso que tratará este libro?
  - *Pienso que este libro trata sobre las poleas.*
  - *Pienso que este libro es acerca de lo importante que son las poleas en nuestra vida cotidiana.*
- ¿Qué quiero aprender sobre este tema?
  - *Quiero aprender cómo funcionan las poleas.*
  - *Quiero aprender cómo se utilizan las poleas en diferentes trabajos.*

## Durante la lectura:

- Me pregunto por qué...
  - *Me pregunto por qué una soga y una rueda son partes de una polea.*
  - *Me pregunto por qué una polea se llama una máquina simple.*
- ¿Qué he aprendido hasta ahora?
  - *Aprendí que las poleas nos ayudan a mover las cosas.*
  - *Aprendí que las poleas pueden ser grandes o pequeñas.*

## Después de leer:

- ¿Qué detalles aprendí de este tema?
  - *Aprendí que un asta de la bandera utiliza una polea pequeña para subir y bajar la bandera.*
  - *Aprendí que los elevadores usan muchas poleas grandes.*
- Lee el libro una vez más y busca las palabras del vocabulario.
  - *Veo la palabra **rueda** en la página 9 y la palabra **elevadores** en la página 20. Las demás palabras del vocabulario están en la página 23.*

Esto es una **polea**.

**Polea**

**Palanca**

**Tornillo**

Es una **máquina simple**. Hay seis máquinas simples.

**Cuña**

**Plano Inclinado**

**Rueda y Eje**

Las máquinas simples tienen pocas o ningunas piezas en movimiento.

Una polea tiene dos partes.

SWL 200KG
spencer carter
NEWLYN HARBOUR
SUTTON HARBOUR
SS 161
SUTTON HARBOUR
NEWLYN CORNWALL

Una polea tiene una **soga**.

La soga se mueve a lo largo de una **rueda**.

Las poleas nos ayudan a mover las cosas. Esta polea mueve a los esquiadores por la montaña.

A veces las personas usan más de una polea.

Muchas poleas nos ayudan a mover cosas grandes, como una vela en un velero.

Las poleas pueden ser pequeñas.

Un **asta de bandera** usa una polea pequeña.

Sam jala la soga para levantar la bandera.

Las poleas también pueden ser grandes.

¡Los **elevadores** usan muchas poleas grandes!

# Lista de palabras

## Palabras básicas

a lo largo
ayudan
cosas
de
dos
en
es
esta
grandes
jala
la
más
movimiento
muchas
ningunas
o
partes
pequeña
piezas
pocas
pueden
se mueve
ser
también
tiene
un
una
usa
usan

# Palabras para conocer

asta de bandera

elevadores

máquina simple

polea

rueda

soga

CRABTREE Publishing Company

MÁQUINAS SIMPLES

# LAS POLEAS SON MÁQUINAS

Written by: Douglas Bender
Translation to Spanish: Milly Blanco
Designed by: Rhea Wallace
Series Development: James Earley
Proofreader: Janine Deschenes
Educational Consultant: Marie Lemke M.Ed.
Photographs:
Shutterstock: VDB: cover, p. 1; Nach Noth: p. 3, 23; Chris Lawrence Travel: p. 7, 23; Mikhail Gratkoskiy: p. 8, 9, 23; Konoplytska: p. 11; David Arosta Alley: p. 12-13; Cegli: p. 14; Juan Aunion: p. 15; Vibe Images: p. 17; Storman: p. 19; AvDe: p. 21, 23

**Library and Archives Canada Cataloguing in Publication**

CIP available at Library and Archives Canada

**Library of Congress Cataloging-in-Publication Data**

CIP available at Library of Congress

**Crabtree Publishing Company**

www.crabtreebooks.com 1-800-387-7650

 Printed in the U.S.A./072022/CG20220201

 In Canada: We acknowledge the financial support of the Government of Canada through the Canada Book Fund for our publishing activities.

**Published in the United States**
**Crabtree Publishing**
347 Fifth Avenue, Suite 1402-145
New York, NY, 10016

**Published in Canada**
**Crabtree Publishing**
616 Welland Ave.
St. Catharines, ON, L2M 5V6